LE DESSIN

ENSEIGNE SANS MAITRE.

BEAUVAIS, IMPRIMERIE DE MOISAND.

LE

DESSIN

ENSEIGNÉ SANS MAÎTRE,

DANS UNE SUITE DE LEÇONS D'UNE DIFFICULTÉ PROGRESSIVE, OU LA THÉORIE DE LA PERSPECTIVE EST COMBINÉE AVEC TOUTES LES RÈGLES DE CET ART;

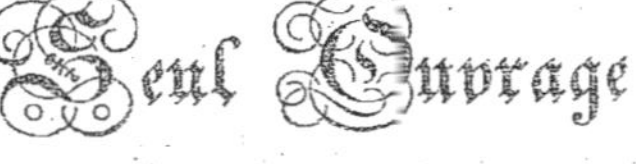

Seul Ouvrage

OU, D'APRÈS LES DERNIÈRES DÉCOUVERTES ANGLAISES, LA GRAVURE IMITE LE CRAYON;

PAR L. A. MAISON.

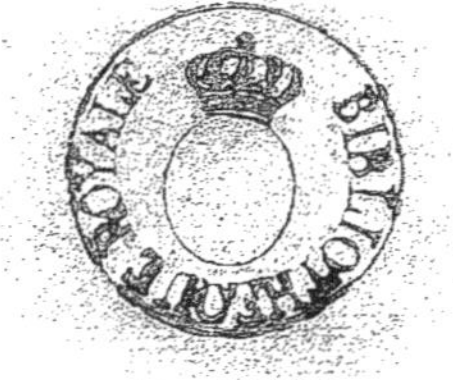

AUDIN,

QUAI DES AUGUSTINS, N° 25.

1833.

PRÉFACE.

Enseigner aux enfans les règles de la perspective est impossible; mais dans une suite de leçons familières, où la science n'emploiera aucune expression au-dessus de son intelligence, combiner les règles du dessin avec celles de la géométrie, est un essai qui a été tenté fort heureusement, en Angleterre, par *sir John George Wood*, un des hommes qui, dans l'enseignement du dessin, ont obtenu les plus brillans succès à Londres. Nous reproduisons en partie son ouvrage, séduit par les succès de ce maître habile.

Le livre que nous avons imité, plutôt que traduit de l'anglais, a pour titre : *Footsteps to Drawing, according to the rules of Perspective*. Il a obtenu un grand nombre d'éditions, et est adopté dans la plupart des maisons d'éducation des trois royaumes.

Sir George Wood, le premier, a cherché à retracer par le burin tous les effets possibles du crayon, de façon à tromper l'œil le plus exercé, et il a complètement réussi. Nous n'espérons point avoir produit la même illusion ; toutefois, les élèves qui étudieront notre méthode, nous sauront gré de ces efforts, et s'apercevront promptement des progrès qu'ils devront à cette amélioration matérielle de l'art.

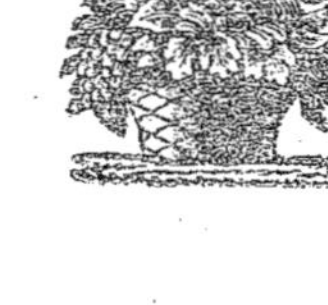

LE DESSIN

ENSEIGNÉ SANS MAITRE,

DANS UNE SUITE DE LEÇONS D'UNE DIFFICULTÉ PROGRESSIVE, OU LA THÉORIE DE LA PERSPECTIVE EST COMBINÉE AVEC TOUTES LES RÈGLES DE L'ART.

PLANCHE 1re.

La 1re PLANCHE présente peu de difficultés à l'élève. Ce sont des lignes *horizontales* A, c'est-à-dire tirées en travers du papier ; *perpendiculaires* B, tirées du haut en bas du papier ; *obliques* C, tirées d'un angle du papier à l'autre, dont la réunion forme, comme on peut le voir, les Figures représentées dans cette Planche.

L'élève commencera par tracer les lignes *horizontales* A, le crayon entre le pouce et les deux premiers doigts de la main, ayant soin que les lignes qu'il tracera soient le plus droites qu'il est possible, d'une grosseur uniforme ; n'abandonnant jamais le crayon que quand la ligne est terminée. Il couvrira ainsi une ou plusieurs pages de ces lignes, jusqu'à ce qu'il ait acquis l'habitude de les tracer sans hésitation et pures. Ensuite il tirera ces mêmes lignes les unes sous les autres, ayant soin (et une pratique de quelques jours seule pourra l'y faire parvenir) de conserver entre elles le même espace. Il répétera ce qu'il a déjà fait, et couvrira son papier de cette sorte de dessins.

L'élève passera ensuite aux lignes *perpendiculaires* B, ayant soin, lorsqu'il les tirera, de ne pas quitter le papier avant l'achèvement de la ligne : un simple dérangement nuirait à la rectitude de la ligne, et dévierait nécessairement le crayon. Pour tirer cette ligne, le poignet appuyé légèrement sur le papier, restera immobile ; les doigts seuls opèrent le mouvement. Une ligne semblable, lorsqu'elle est trop étendue, doit être faite avec la *règle* et l'*équerre*, afin d'arriver à une grande régularité.

La connaissance et l'habitude de ces trois lignes suffiront à l'élève pour former les Figures dessinées dans la première Planche.

PLANCHE 2e.

Les difficultés, comme on peut le voir au premier coup d'œil, sont progressives. D'abord, de grossières barrières A. B., puis des carcasses de maisons C., où sont figurées des portes, des fenêtres, des cheminées, et où entrent tous les élémens de notre première leçon, c'est-à-dire des lignes *horizontales , perpendiculaires* et *obliques ,* A , B , C, Planche 1ʳᵉ, dont la réunion forme les Figures diverses de cette seconde Planche. La seule difficulté que présente cette seconde leçon à l'élève, gît absolument dans les justes proportions des Figures. Dans la *Barrière* A, on doit remarquer que les Planches dont elle est formée sont d'inégale largeur ; mais dans le tracé de maison C, les divisions sont régulières.

La première *Barrière* A, offre moins de difficultés que la deuxième B ; celle-ci a des planches transversales , multipliées , brisées en quelques parties. Comme on le voit, les traits de cette deuxième Planche sont plus accusés que ceux de la première, qui ne sont que de simples ébauches , sans formes déterminées.

La TAILLE DU CRAYON, pour tracer la *première Planche,* doit être fine , allongée ; la Taille du Crayon, pour tracer les Figures de la *deuxième Planche* , doit être d'abord la même : de légers traits ; puis on repasse ces mêmes traits avec un crayon un peu plus gros, après s'être assuré que le dessin est semblable au modèle , c'est ce qu'on appelle *donner les coups de force.* On conçoit que ces coups de force doivent corriger certain nombre d'aspérités , certaines déviations du crayon , qui accusent une main inhabile.

Pour former la carcasse de la maison sans toiture C, telle qu'elle est à la *Planche deuxième,* il faut d'abord tirer une ligne *horizontale* A , qui servira de *ligne de terre* ou *de base ;* on élèvera sur cette ligne horizontale deux lignes *perpendiculaires* BB , très-droites, et à distance convenable pour former les deux angles de la maison ; on tirera ensuite, à la hauteur voulue de l'une à l'autre *perpendiculaire ,* une ligne horizontale, parallèle à la ligne de base CC : cette ligne formera le haut de la maison ; l'œil de l'élève devra ensuite s'exercer à juger seul les distances , c'est-à-dire à établir sans compas les divisions *perpendiculaires* et *horizontales* de ladite maison. Même pratique , mêmes observations pour les maisons plus compliquées , représentées dans la même *Planche deuxième.*

PLANCHE 3ᵉ.

Ici les difficultés grandissent ; ici vont s'appliquer nos théories de la perspective combinée avec le dessin.

La *Planche* 3ᵉ nous offre d'abord sur la première ligne 3 *carrés longs ;* l'élève doit observer que les lignes tirées des angles de ces carrés, sont des lignes de perspective dont nous expliquerons bientôt l'usage.

La *Figure* 1ʳᵉ nous donne un *carré long ;* la 2ᵉ *Figure* le même carré , divisé en quatre parties égales par des lignes obliques perpendiculaires ; la 3ᵉ *Figure,* toujours le même carré , mais coupé par quatre lignes horizontales.

C'est une règle de géométrie, que toutes ces divisions sont égales entre elles ; mais comment se fait-il que leur largeur diminue à mesure que la ligne s'éloigne de nous ?

Ceci va nous amener à la théorie de la vision en perspective.

Un objet, selon qu'il est plus ou moins éloigné de nous, nous semble plus ou moins grand. Lorsque votre œil plonge à travers une rue, si cette rue est régulière, vous devez remarquer que les deux lignes de maisons semblent se confondre dans l'éloignement, et qu'elles s'élargissent à mesure qu'elles se rapprochent de votre œil. Si donc vous avez à retracer le vide de cette longue rue, ce vide apparaîtra plus large à une extrémité qu'à l'autre.

Vous devez remarquer dans la *Planche* 3ᵉ une suite de lignes partant de côtés divers et aboutissant toutes à un point ; ce point est marqué par la lettre S , point de centre. Les rayons A B C, tirées vers ce point, sont des lignes *fuyantes ;* la ligne marquée H L , tirée dans toute la largeur de la Figure , est la *ligne horizontale,* ou ligne de construction.

PETITES DÉFINITIONS DE GÉOMÉTRIE , NÉCESSAIRES A L'ÉLÈVE.

Sujet ou objet original. C'est dans la Planche 3ᵉ : les *carrés*, les *tables ;* dans la Planche 2ᵉ, les *maisons ;* en un mot, l'objet qu'on copie.

Les différens côtés de ces objets sont ce qu'on appelle les *plans originaux ;* les lignes de ces objets sont les *lignes originales.*

Plan perspectif. C'est le dessin même ; c'est le papier sur lequel vous esquissez , et que vous devez toujours regarder comme placé droit entre vous et l'objet, et non à plat.

Le plan du terrain. C'est le sol ou la surface sur laquelle sont placés les objets à dessiner , ainsi que le spectateur.

La ligne de terre. C'est celle sur laquelle repose le dessin , ou , pour parler plus clairement, la surface du sol sur lequel les maisons , les arbres , etc., etc., sont posés.

Ligne horizontale. La ligne d'horizon est celle qui est parallèle à l'horizon, toujours à la hauteur de l'œil du spectateur, qui , en s'élevant ou s'abaissant, l'élève ou l'abaisse, en proportion de l'espace qu'il embrasse. Elle est marquée dans nos Planches par les lettres H. L.

Le point de vue est l'œil même du spectateur, ou le point fixe par lequel il regarde.

Le centre , marqué S , est un point de la ligne d'horizon , diamétralement opposé à l'œil du spectateur, ou point de vue. C'est là que toutes les lignes qui partent du spectateur viennent se confondre.

Ligne parallèle. Toute ligne tirée dans le sens de la longueur d'une autre ligne, est parallèle à cette ligne. Ainsi, dans l'exemple que nous avons cité, d'une rue avec deux rangées de maisons, les deux lignes d'édifices sont des lignes parallèles.

PLANCHE 4e.

La Planche 4e et 4e *bis* offre divers solides ou objets en pierre, de figure et de forme variées, dont le point de vue est pris du bas, perpendiculairement au-dessous du point de centre S. Chaque objet est ici en perspective. Toutes les lignes verticales vont, comme on voit, se perdre au même point S.

PLANCHE 5e.

Rangées de palissades. Comme dans l'exemple déjà cité, de notre rue, on doit remarquer que ces palissades, à mesure qu'elles s'éloignent de l'œil du spectateur, semblent diminuer. Ce même effet d'éloignement semble diminuer de hauteur et de grandeur chaque planche de la palissade. Ce qui, dans la nature, est un effet des lois de l'optique, est, dans la représentation figurée, un effet des lois de la perspective, que l'élève doit s'attacher à étudier et à rendre fidèlement. La vue d'une de ces doubles rangées d'arbres que l'on voit devant la plupart des châteaux, aidera l'élève à comprendre la théorie si simple de la perspective.

Dans la 2e *Figure* de la même Planche, la porte A, qui touche au côté gauche de la palissade, est vue de face. Cette porte est le premier plan du dessin : quelques lignes perpendiculaires, tracées avec force, le plus droit possible, encadrées entre deux ais, l'un au haut, l'autre au bas, figurés par deux lignes horizontales parallèles, donnent cette Figure très-aisée à dessiner ; les coups de crayon, plus forts dans certains endroits que dans d'autres, forment les jointures des planches. On voit que, pour former l'angle B, figuré par la jonction immédiate de la porte à la palissade, il s'agit seulement de représenter la porte vue de face, en la formant comme nous l'avons dit plus haut, et de tirer une ligne oblique à partir de l'angle droit de la porte, pour représenter la palissade qui s'éloigne.

PLANCHE 6e.

D'abord, 3 Figures carrées, dont le point de vue S est pris de l'extrémité de la Figure du milieu. Même théorie que celles qui ont été établies dans nos Planches précédentes ; toujours des lignes tirées des angles de chaque objet, et allant se perdre à un même point S.

La 2e *Figure* de la même Planche représente une espèce de châlet ou grossier appentis en bois.

Afin de faciliter la mesure usuelle des objets, il peut être utile, en copiant des dessins ou des gravures, de supposer l'original divisé en carrés, et la copie de la même manière, ou au moins de supposer dans l'original et dans la copie une ligne horizontale et une perpendiculaire qui se croisent au centre S. On fait alors correspondre dans la copie avec l'original toutes les parties qui se rapportent à ces lignes.

Ainsi, dans la Planche 6ᵉ, que vous avez mainténant sous les yeux, vous pouvez supposer une ligne horizontale H L, partageant en deux parties égales la hauteur de la maison, et une ligne perpendiculaire M, divisant aussi en deux parties égales la largeur de ladite maison, en traversant la ligne horizontale H L, de sorte que le point de réunion des deux lignes forme le centre du dessin S. On conçoit qu'en partant de ce point de centre et des lignes, il est très-aisé de tracer exactement le reste de l'édifice.

L'abaissement de la toiture des deux pavillons A. B. est une des lois de la perspective déjà expliquées. A l'aide de cet abaissement, on met en saillie les deux pavillons latéraux, et on figure en même temps le renfoncement formé par le bâtiment du fond.

L'élévation de la ligne de terre de chaque pavillon, tirée comme la ligne de toiture, dans la direction du point de centre, est encore une conséquence de cette même règle de perspective, qui tend à diminuer tout ce qui s'éloigne de notre vue.

La vue de la maison est prise de l'angle du pavillon gauche.

Il faut avoir soin, en formant des toitures de planches ou d'ardoises, de superposer ces planches ou ardoises de manière que le vide, formé par la séparation de deux planches, se trouve couvert par une autre ardoise placée sur cette séparation, afin d'empêcher l'eau de pénétrer dans les bâtimens. Pour plus de clarté, voir la Planche.

Règles générales. Lorsqu'on copie un dessin, on ne doit jamais le placer horizontalement sur la table où l'on dessine, parce qu'on ne peut, dans cette position, estimer exactement ses proportions. Il faut le placer verticalement, de manière que le point de vue soit directement en face de l'œil.

En dessinant un paysage d'après nature, on doit prendre de préférence une position un peu élevée. Il faut diviser l'espace désigné pour le dessin en trois parties égales, et supposer la scène originale divisée de la même manière. Dessinez d'abord la partie du paysage qui appartient à la partie centrale du tableau, ensuite les sujets qui sont à droite et à gauche.

PLANCHES 7, 8, 9, 10, 11.

Maisons, ou, comme on les appelle en style de paysage, *Fabriques*, vues de différens côtés. Ces 5 Planches s'exécuteront facilement d'après les règles de la perspective que nous avons expliquées plus haut.

L'élève copiera chacune de ces Planches l'une après l'autre, comparant à chaque instant son dessin au modèle, le reproduisant avec la plus exacte fidélité possible. Il remarquera que les traits qui figurent les solives, les poutres, les croisées, doivent être dessinés avec une certaine inégalité, imitant ainsi dans leur irrégularité l'irrégularité des objets naturels.

PLANCHE 12.

Différentes Figures *elliptiques* et *sphéroïdes*.

RÈGLE GÉNÉRALE. La plupart des objets ronds de leur nature se représentent par des ellipses.

EXEMPLE : Un verre;

Le goulot d'une bouteille;

Un bol, *Pl.* 12;

Un baquet, *Pl.* 12.

L'ellipse est un cercle allongé, se rapprochant de la forme d'un œuf.

Mieux que toutes définitions, la *Figure du baquet*, représentée dans la Planche 12, donnera une idée de l'ellipse.

C'est par des segmens ou moitiés d'ellipse que l'on figure les cercles des tonneaux (même Planche).

PLANCHE 13.

Dans cette Planche, qui nous offre des objets ronds et elliptiques, les traits de crayon noir marquent les ombres et peuvent donner une idée de la théorie de la lumière. L'espace laissé blanc est celui que le jour éclaire. Comme on le voit, les ombres vont en s'affaiblissant à mesure qu'elles atteignent l'endroit frappé par la lumière. Nous expliquerons plus loin de quelle manière on forme ces ombres.

Observons en passant que ces ombres servent à donner du relief à la Figure, à la faire saillir et à marquer sa rotondité.

PLANCHES 14 et 15.

Ces Planches , dans quelques parties , présentent l'application du *sphéroïde*, de l'*ellipse* , etc., etc.

Ainsi, les fenêtres en forme d'ogives , que nous remarquons dans la *Figure* 14, sont des ellipses terminées en pointe. Dans ces deux Planches se trouvent des arbres, des plantes aquatiques , de l'herbe.

Dans la Planche 15 est un arbre rameux. Le tronc est inégal ; la base plus large que la partie supérieure. Ce qu'il y a de plus difficile à faire dans les arbres , ce sont les feuilles. Étudiez attentivement la Planche 16e, représentant les feuilles d'arbres qui se rencontrent le plus souvent dans le paysage , tel que le chêne , etc., etc. La nature variée à l'infini a donné un aspect, une couleur, une forme différente à chacune de ces feuilles. S'il s'agit de peindre un arbre placé dans le lointain , les feuillages ne présenteront plus que des groupes , où jouera la lumière , et où on ne devra pas s'attacher à rendre la forme naturelle de la feuille.

Il en est autrement si ces arbres sont placés sur le premier plan du dessin. Comme l'œil en saisit tous les accidens, le crayon ou le pinceau doit en rendre les effets le plus naturellement possible.

Les principes ou rudimens A B C de la feuille sont tracés dans la Planche 16. Pour figurer des masses de feuillages , il ne faut point s'attacher à reproduire partout la forme exacte de chaque feuille. Les bouts des branches et les endroits frappés par la lumière doivent seuls reproduire à peu près la forme naturelle , et l'intérieur de l'arbre , le dessous des branches doivent être frappés d'ombres , et sont formés par des traits fortement prononcés et irréguliers.

Il est difficile de donner une théorie bien claire , bien précise de la formation des différentes sortes de feuilles. Dans cette partie du paysage , la pratique est indispensable. Il n'y a pas de règles fixes , le goût seul doit guider. L'élève fera bien d'aller dans la campagne copier quelques arbres d'après nature. Là , il sera forcé de se rendre compte des effets de la lumière sur les feuilles.

PLANCHE 17e.

Ce sont des *ponts* à une ou plusieurs *arches* , vus du côté opposé à l'ombre formée par l'épaisseur de la voûte. On conçoit parfaitement que le spectateur est placé du côté où la voûte n'est point aperçue.

Pour figurer les pierres extérieures de l'arche , et afin d'arriver à une grande précision dans leur divergence , on emploie souvent le moyen suivant (voyez la 1re Figure de la Planche 17) : Tirer une ligne horizontale H L ; diviser cette ligne par la perpendiculaire **C**; après avoir mesuré la hauteur de l'arche, poser la pointe du compas sur le point de réunion des deux lignes, et former les deux demi-cercles D E.

On mettra ensuite le compas à cheval sur la perpendiculaire C, entre les deux demi-cercles D E; le compas ainsi placé, on le promènera d'abord sur un côté de l'arche, afin d'obtenir un nombre quelconque de divisions égales entre elles, et qui devront former les pierres du cintre. L'on ouvrira ou l'on fermera le compas jusqu'à ce qu'on ait obtenu une division exacte, qui sera la même pour le deuxième côté, puisque l'arche se trouve partagée en deux parties égales par la perpendiculaire C.

Ce résultat obtenu, il s'agira de figurer les pierres extérieures du cintre, et de leur donner une direction convenable. A cet effet, on tirera, du point de réunion S, des lignes qui iront se réunir aux divisions tracées par le compas entre les deux cercles, et donneront ainsi aux pierres la forme et la direction qu'elles doivent avoir. Il est bon de faire remarquer à l'élève, que la pierre qui se trouve partagée par la ligne de construction C, placée à l'endroit le plus élevé de l'arche, est ce qu'on appelle la *clef* de la voûte et la pierre qui soutient à elle seule toutes les autres pierres.

On néglige souvent, dans les petits paysages, ces moyens de parvenir à une grande exactitude; il est cependant bon de les employer quand on veut faire un ouvrage soigné.

PLANCHES 18, 19, 20.

Trois esquisses représentant, les deux premières, des tours; la 3ᵉ, un pont avec rangées de maisons.

Les élémens des trois planches se trouvent indiqués dans nos précédentes leçons. Ce sont des lignes droites, verticales, des sphéroïdes, des ellipses.

Dans la Planche 18, les ombres noires (A) figurent une brisure dans la tour; les traits épars, dans la construction, représentent des pierres que le temps a noircies et rongées : point de régularité, comme dans les assises d'un édifice moderne.

On représente l'*eau*, Planche 20, par des lignes horizontales brisées, qui, superposées dans certains endroits, forment les ondulations.

C'est une règle en peinture que l'onde reproduit la grandeur réelle des objets.

Les nuages s'accusent par des traits arrondis irrégulièrement. —

FIN.

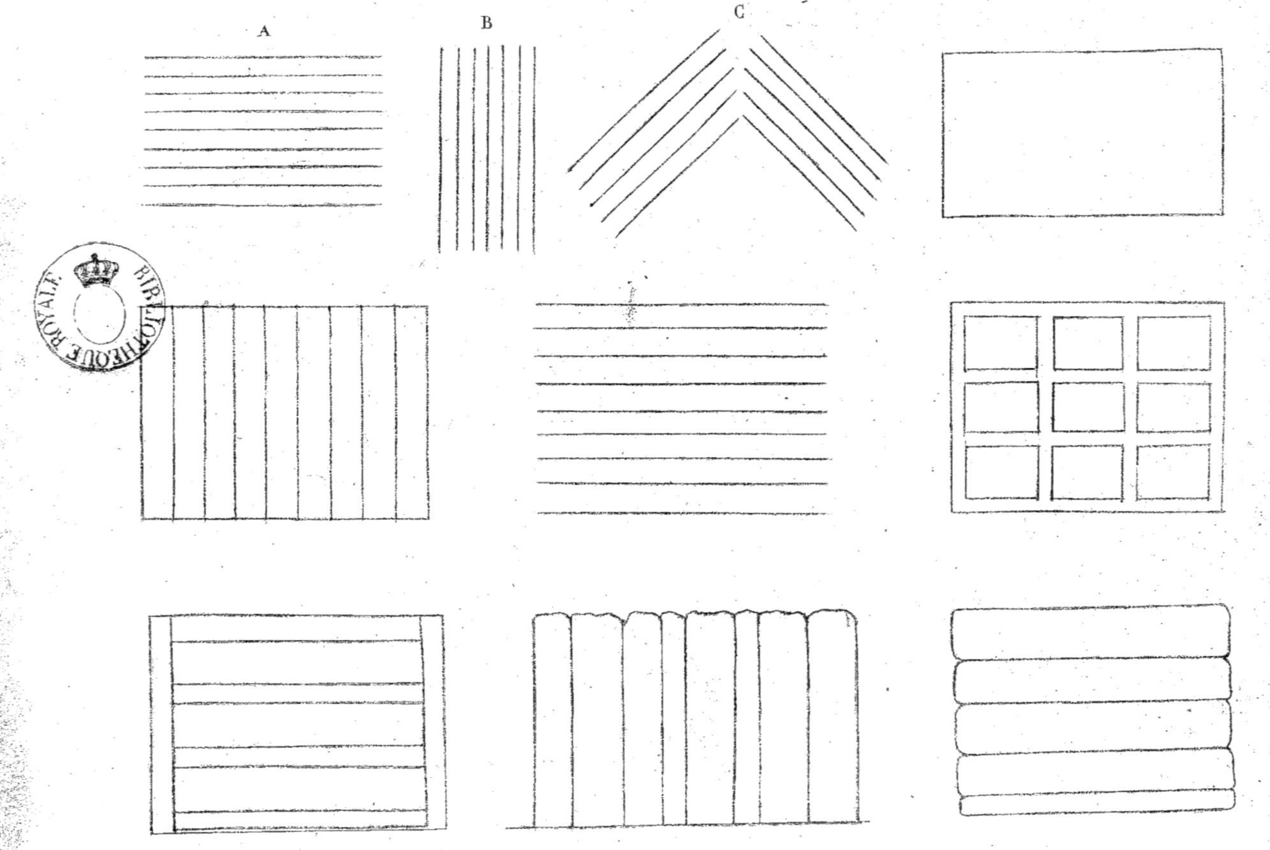

A
B
C

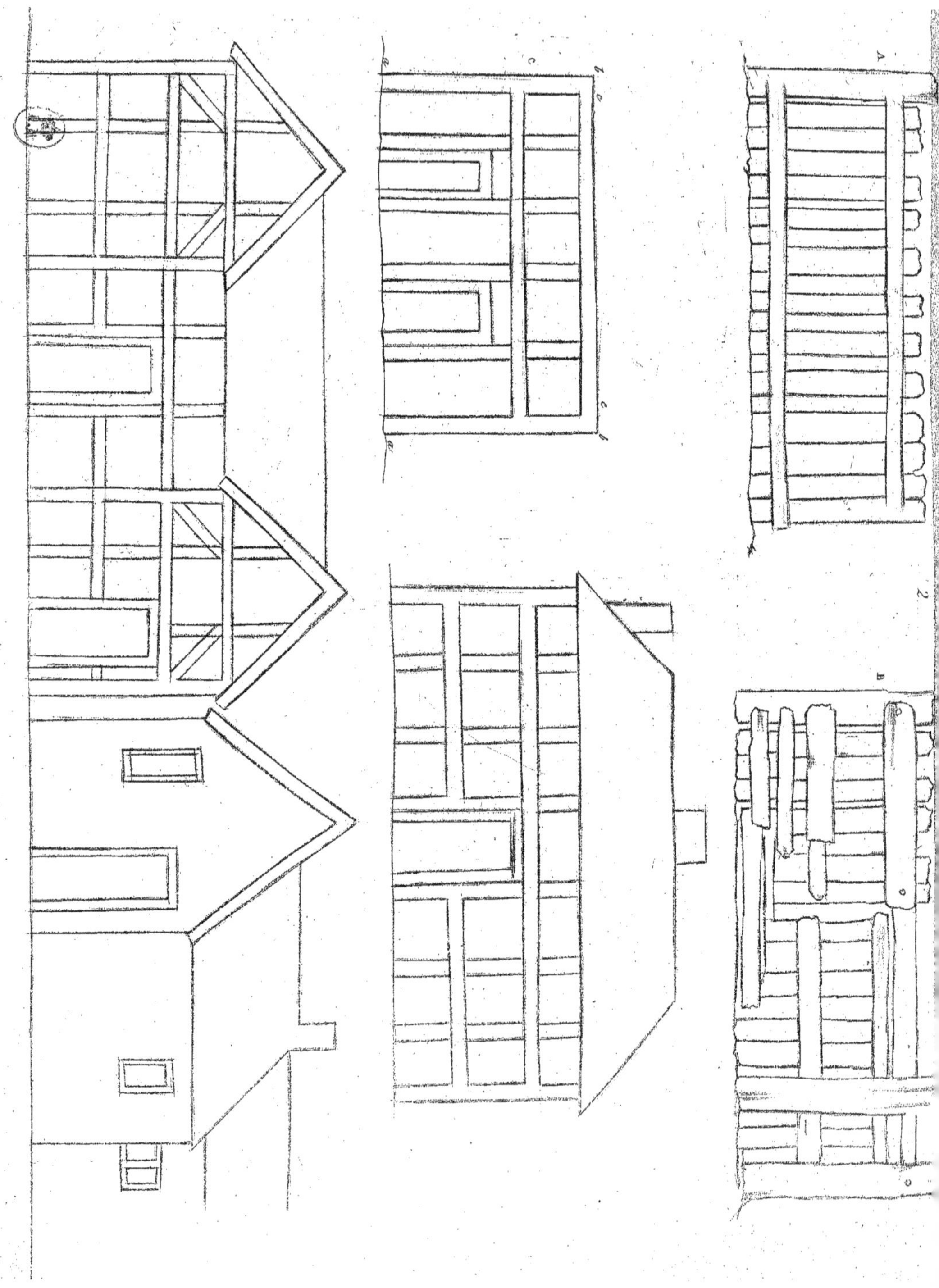

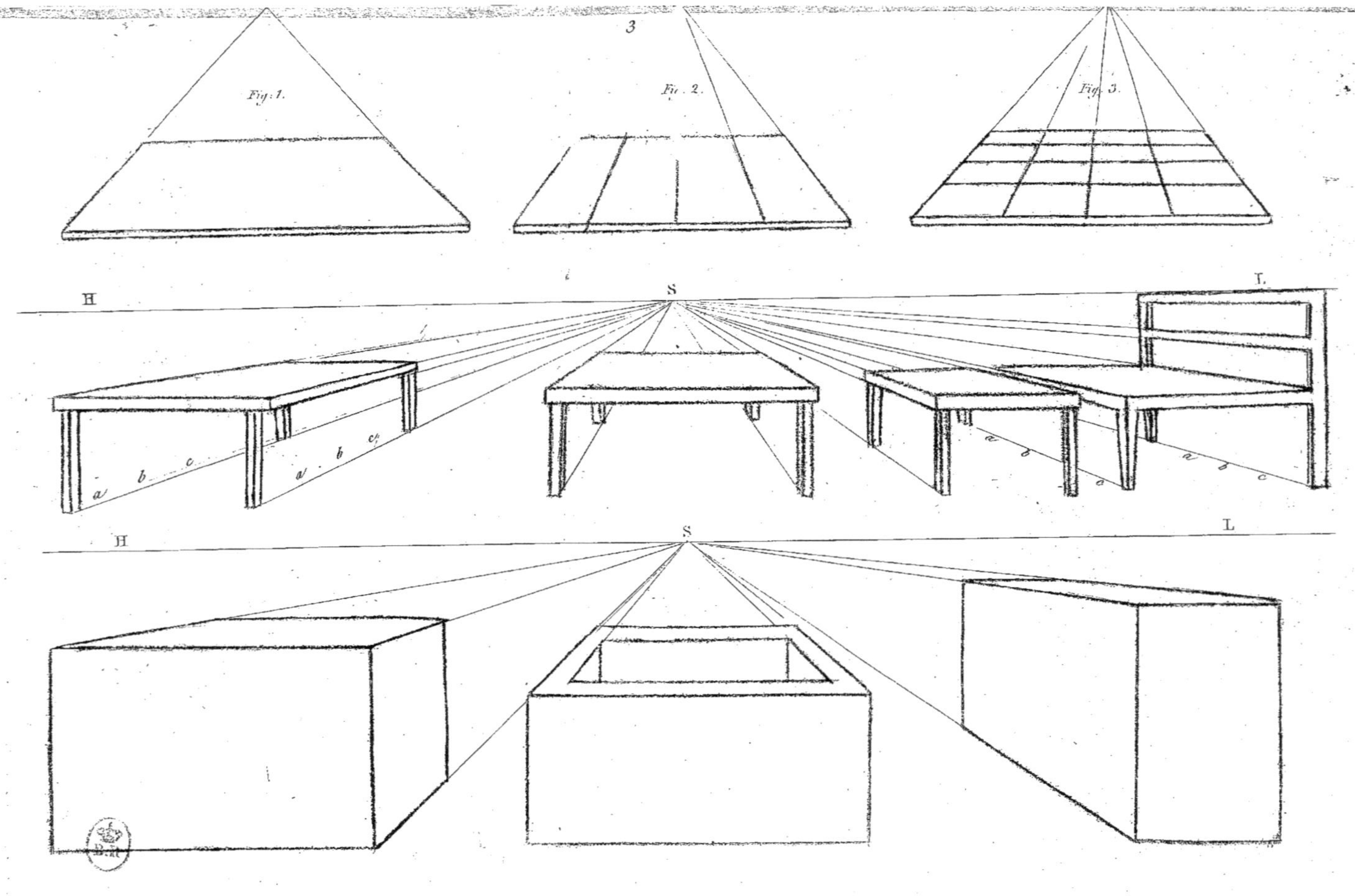

3
Fig. 1.
Fig. 2.
Fig. 3.
H
S
L
a
b
c
a
b
c
H
S
L

4

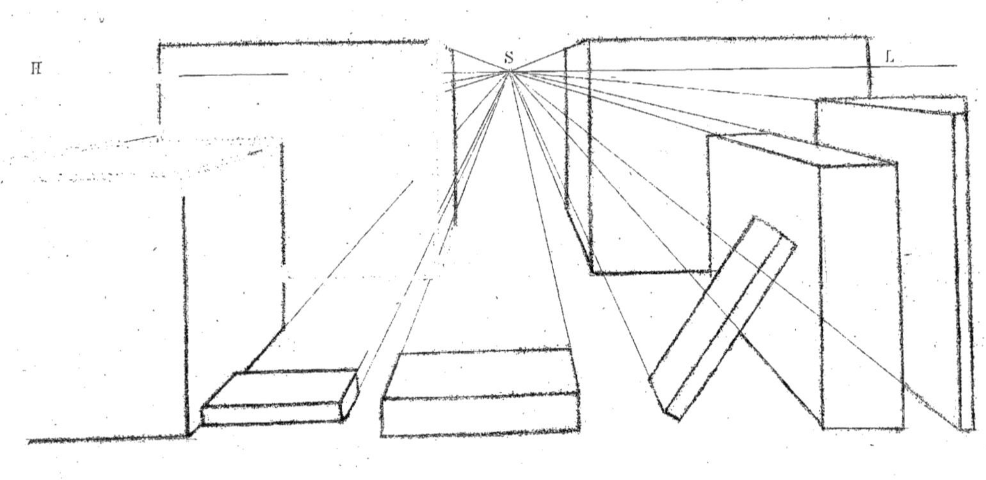

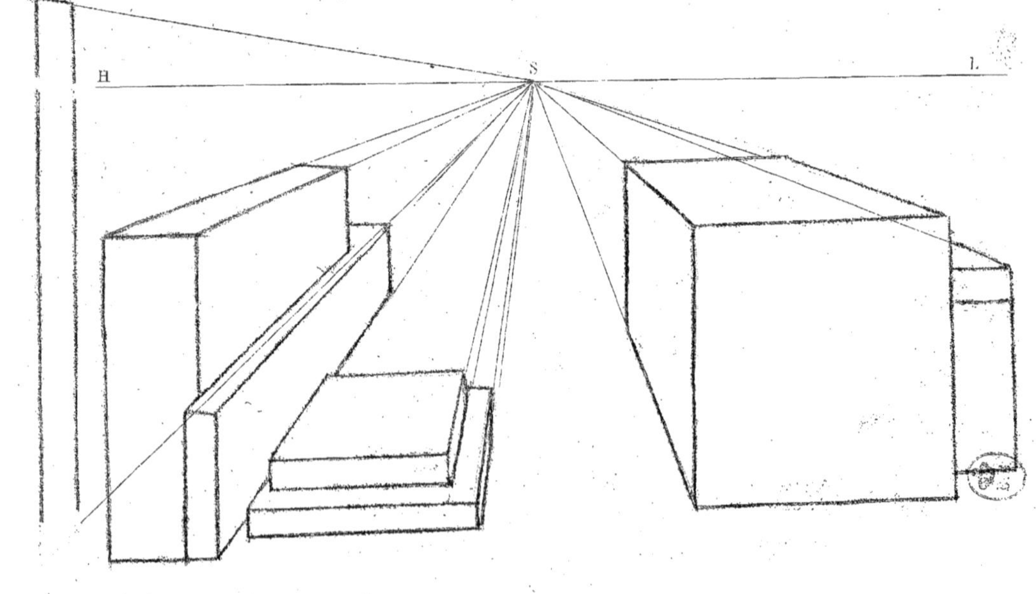

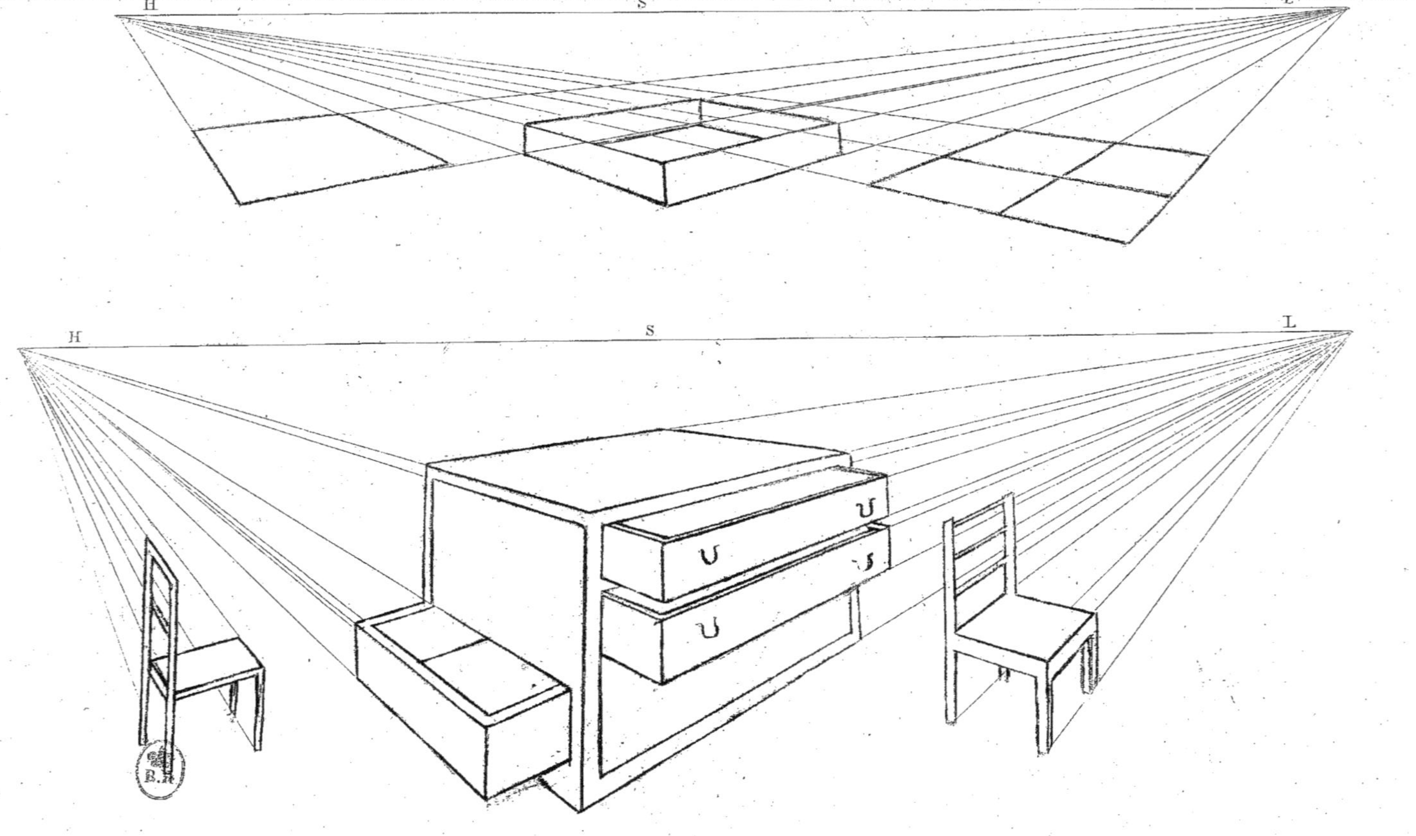
H
S
L
H
S
L

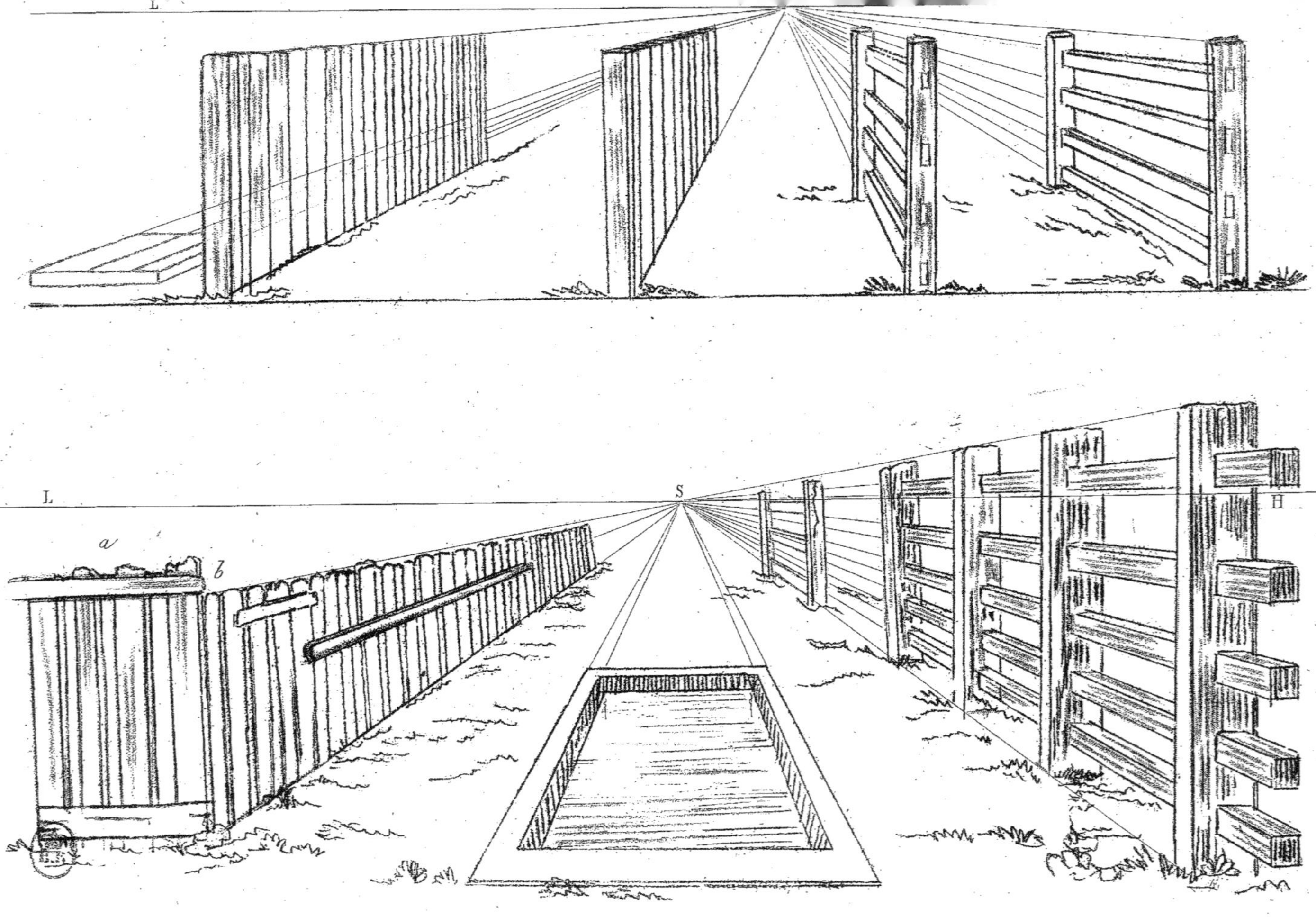
L
L
S
H
a
b

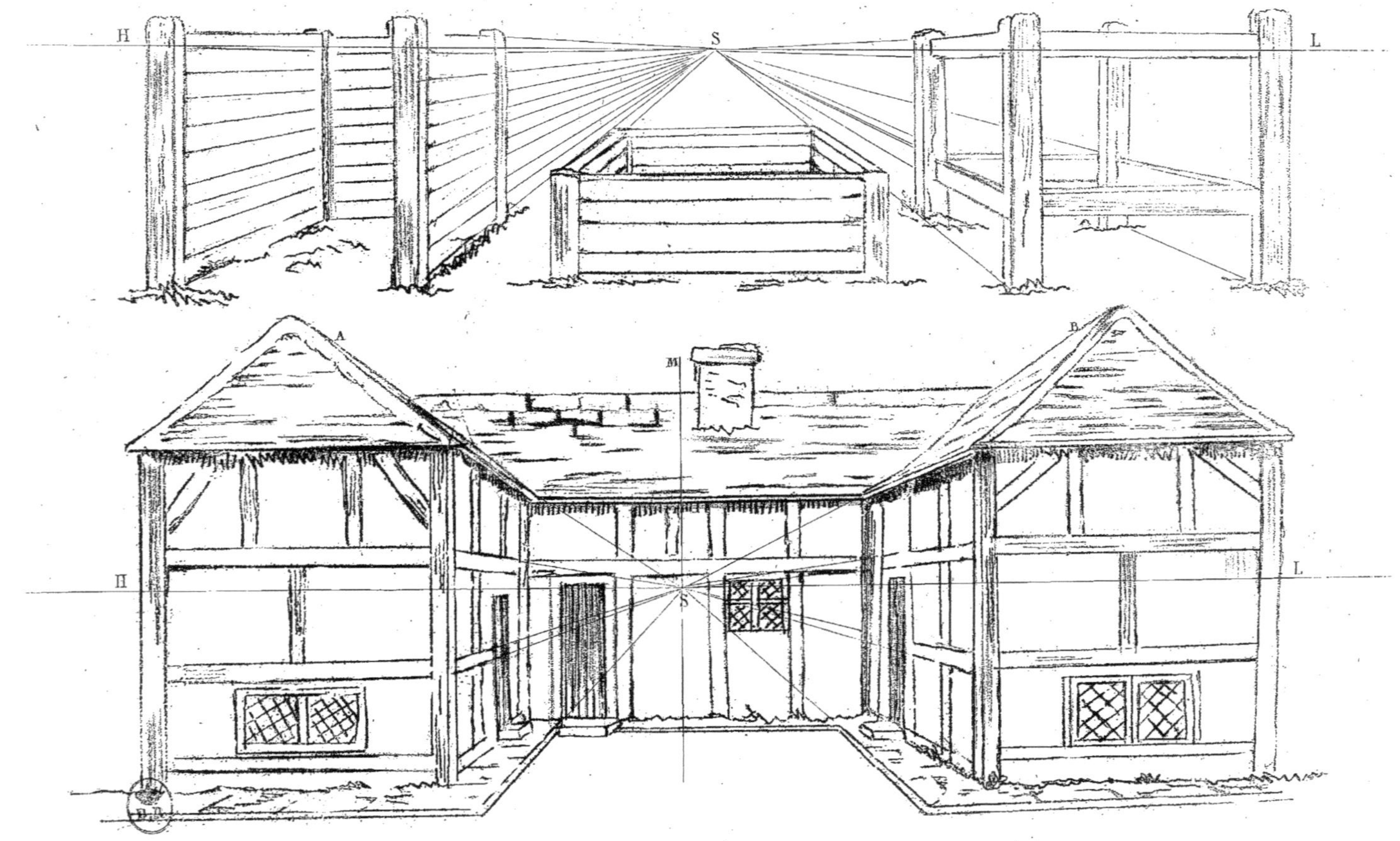

H
S
L
A
M
B
H
S
L

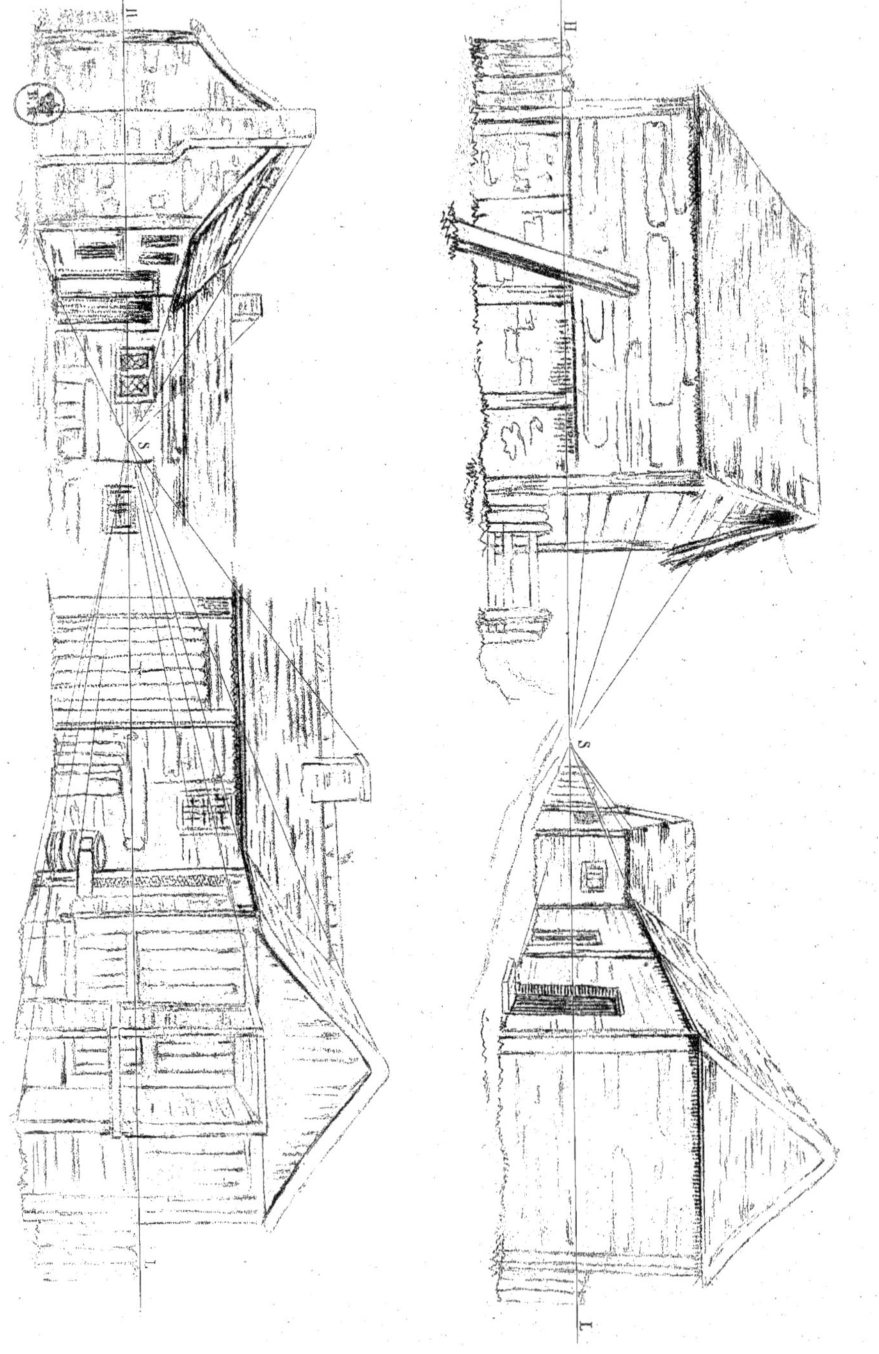

8

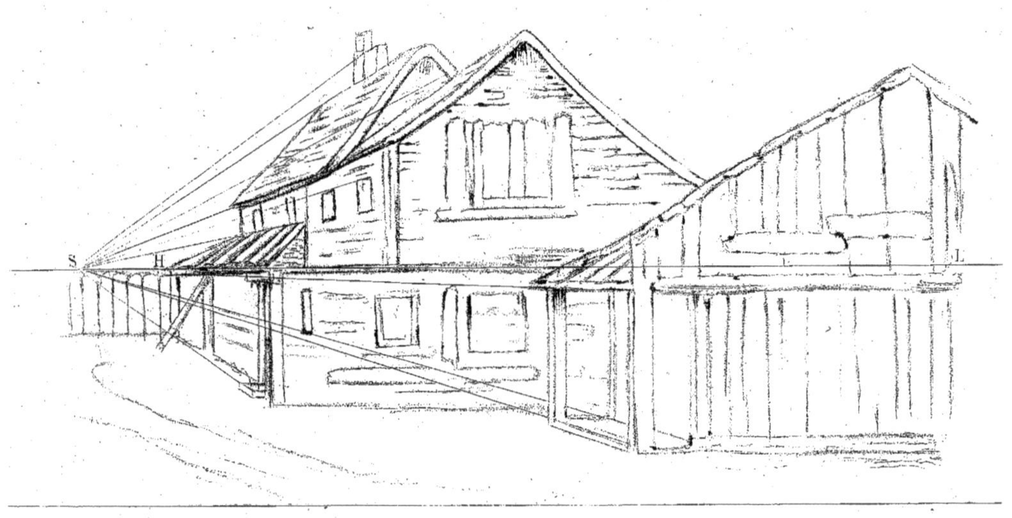
S
H
L

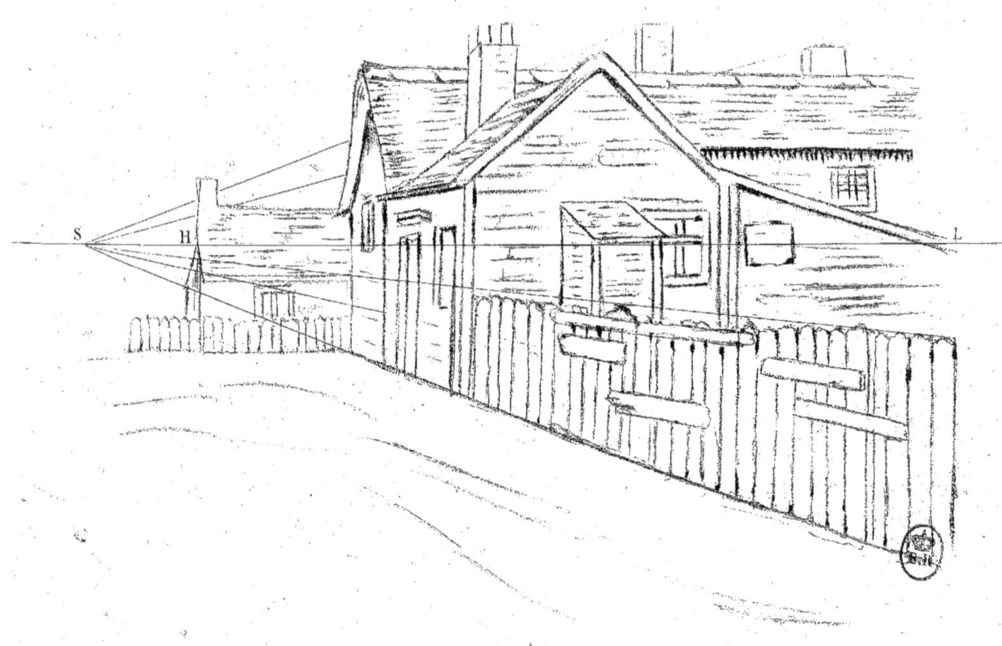
S
H
L

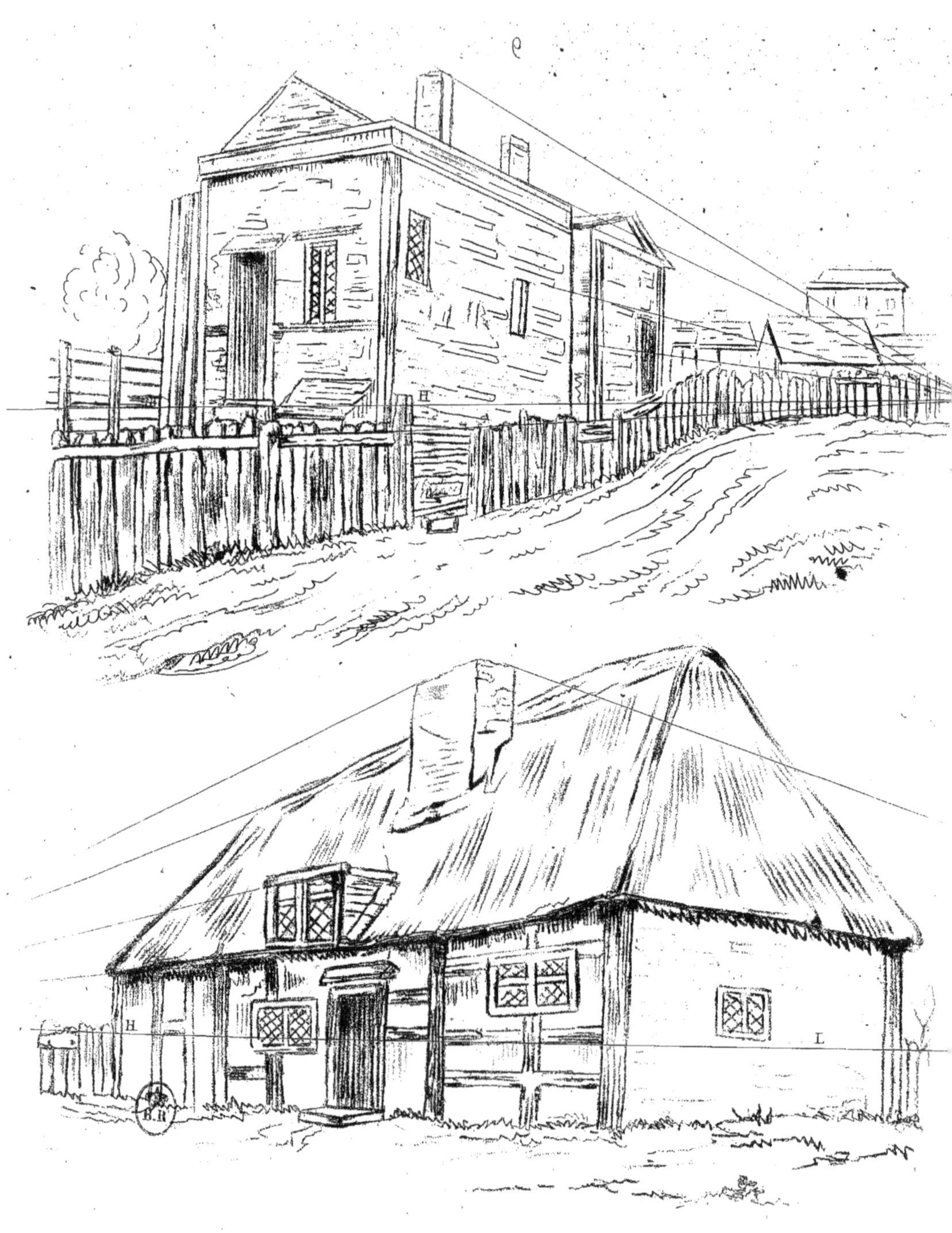

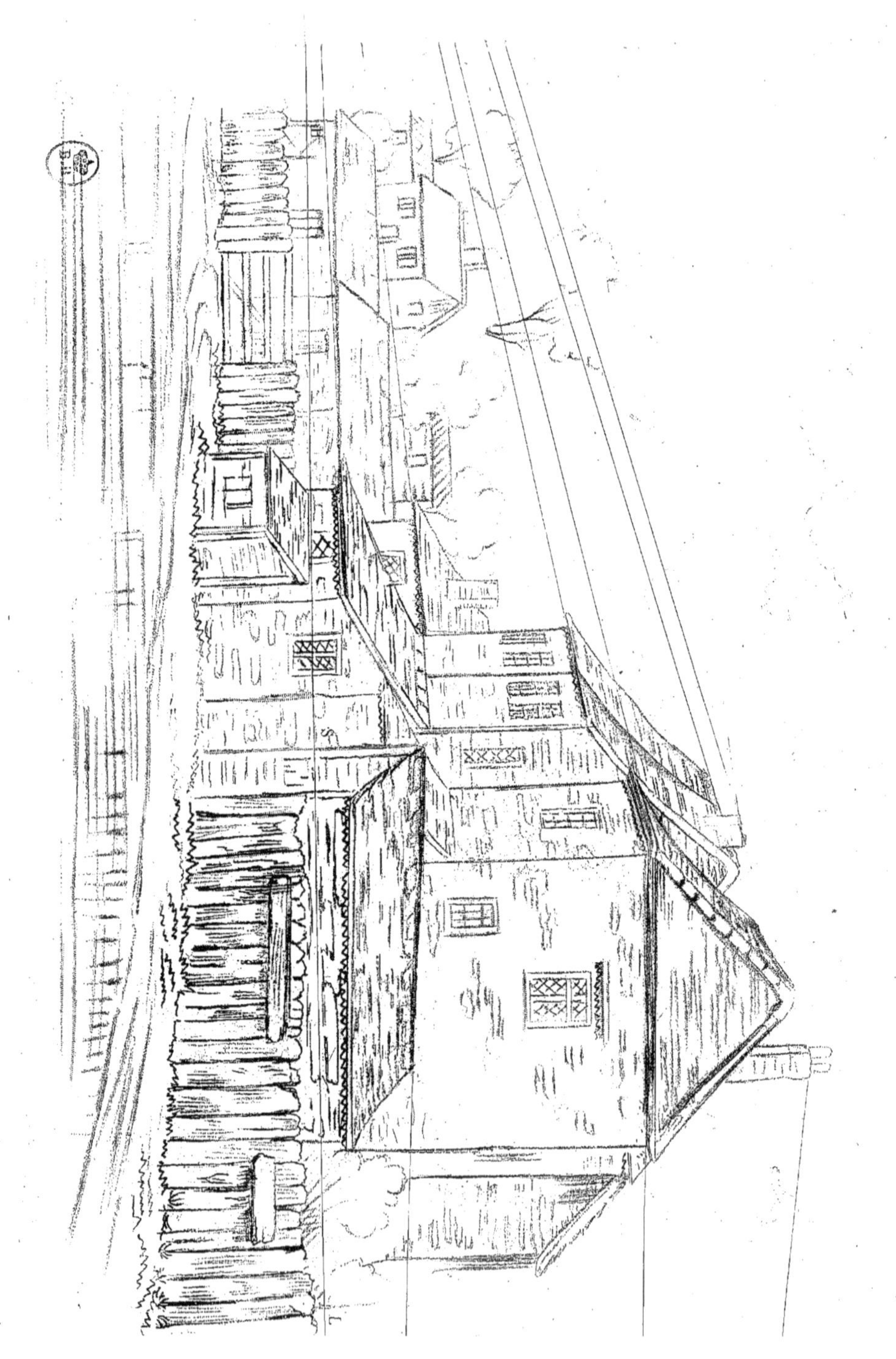

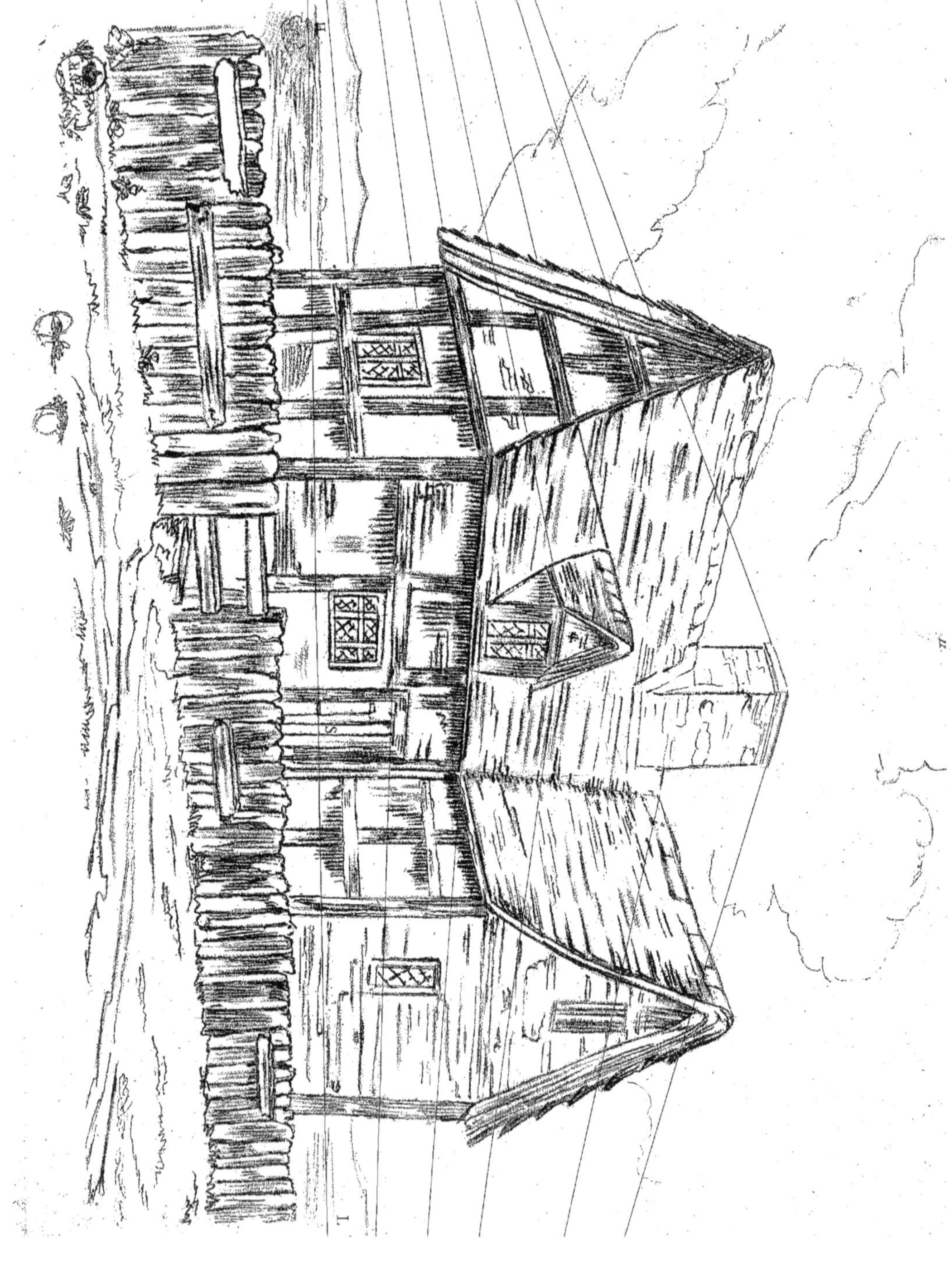

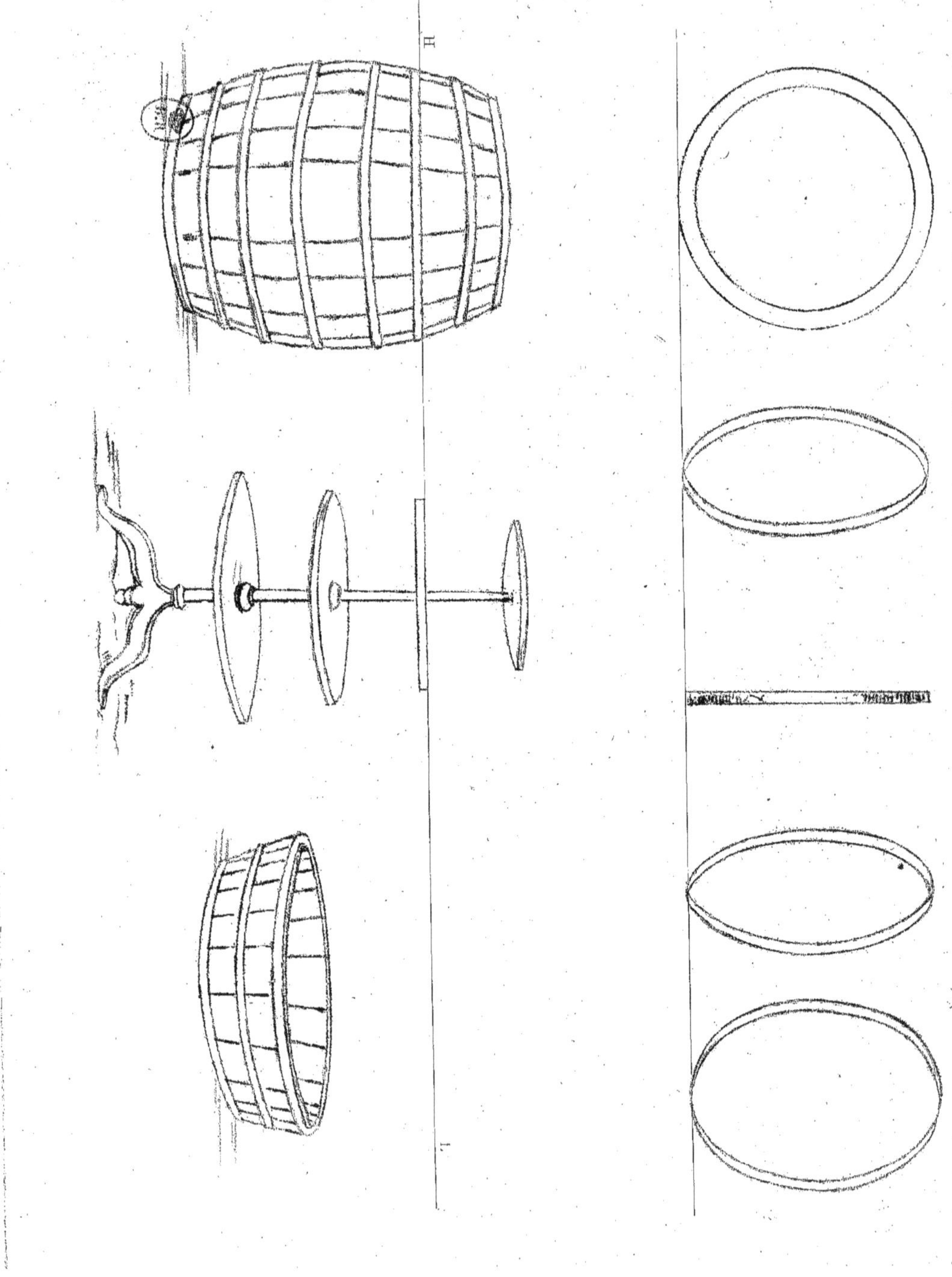

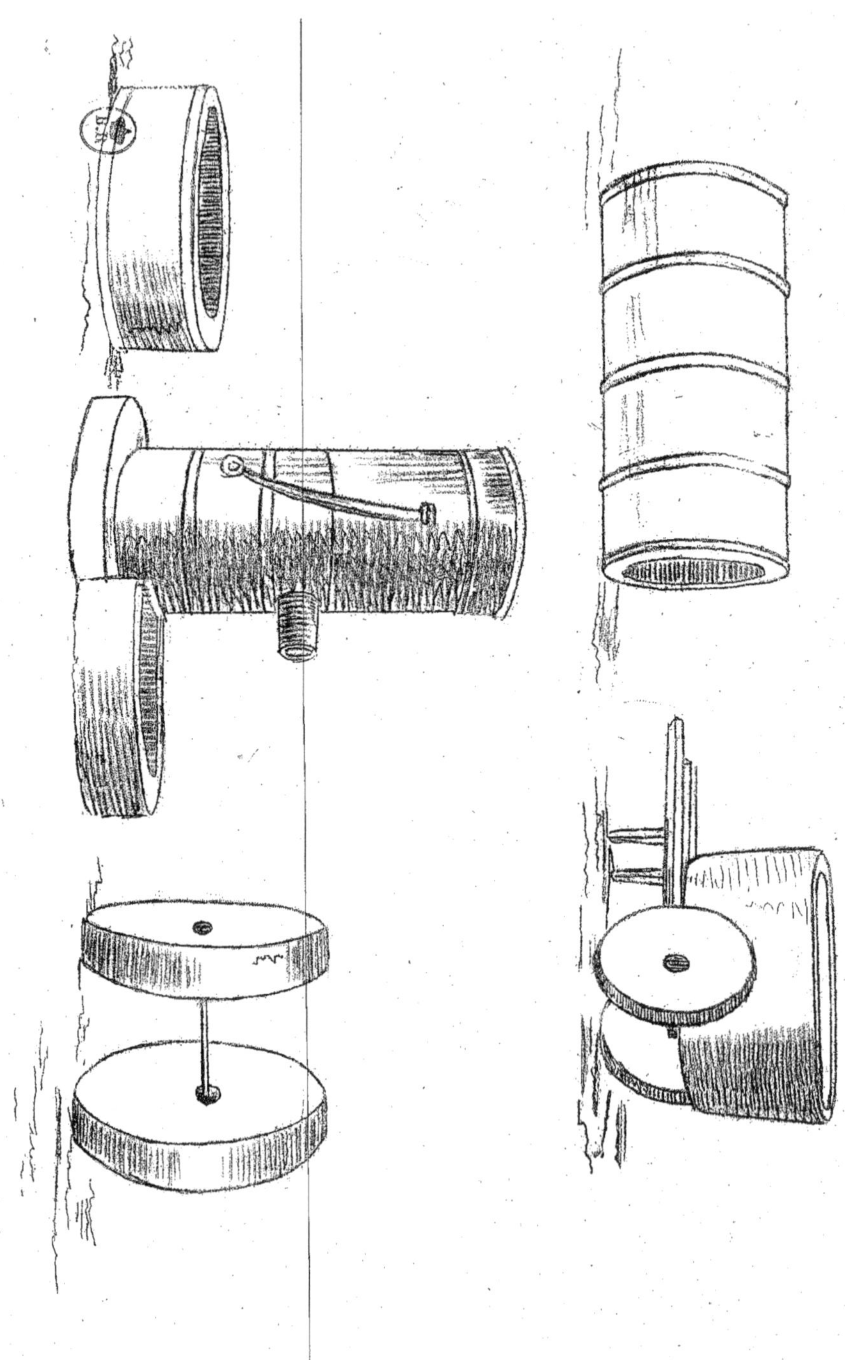

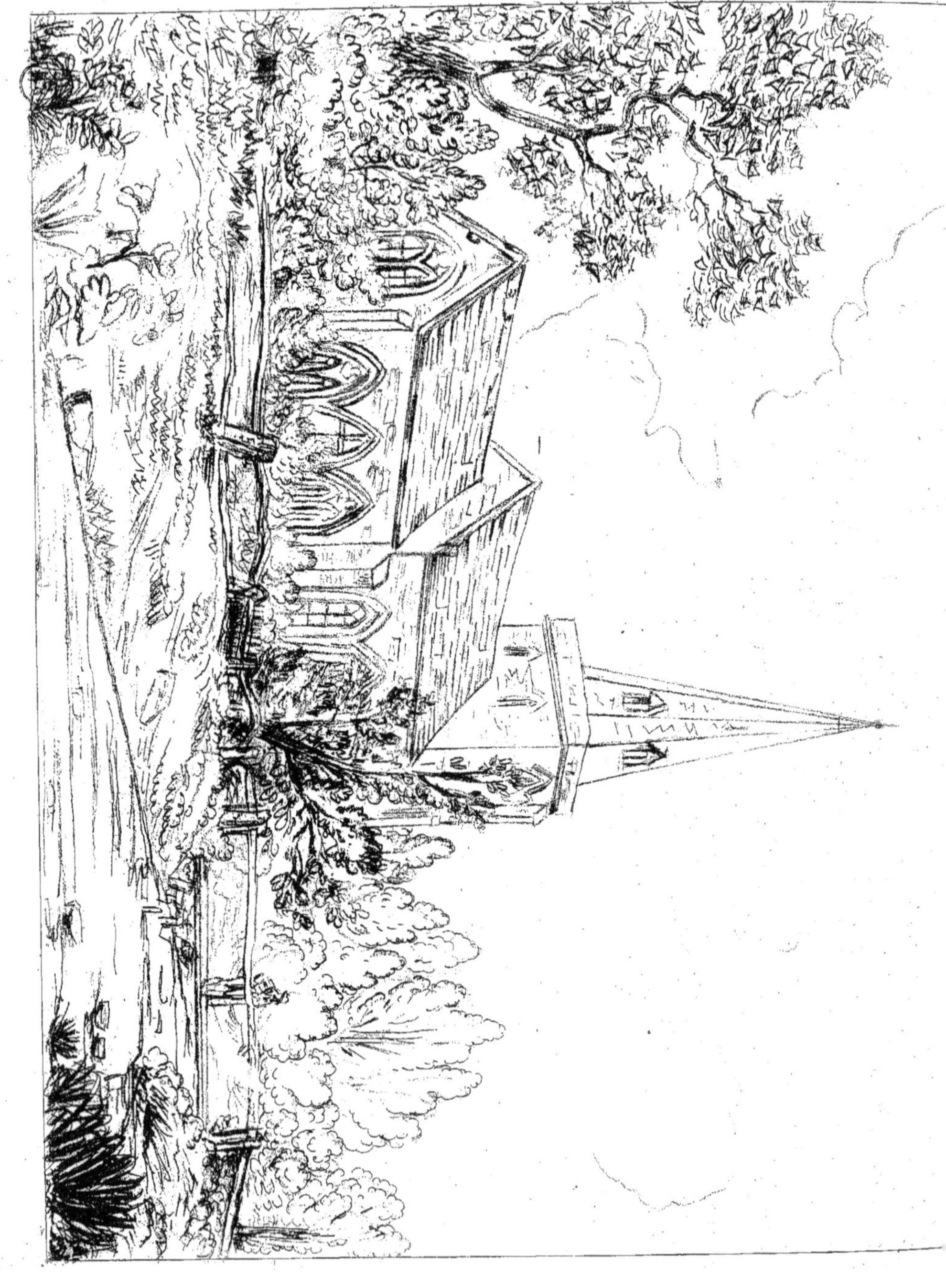

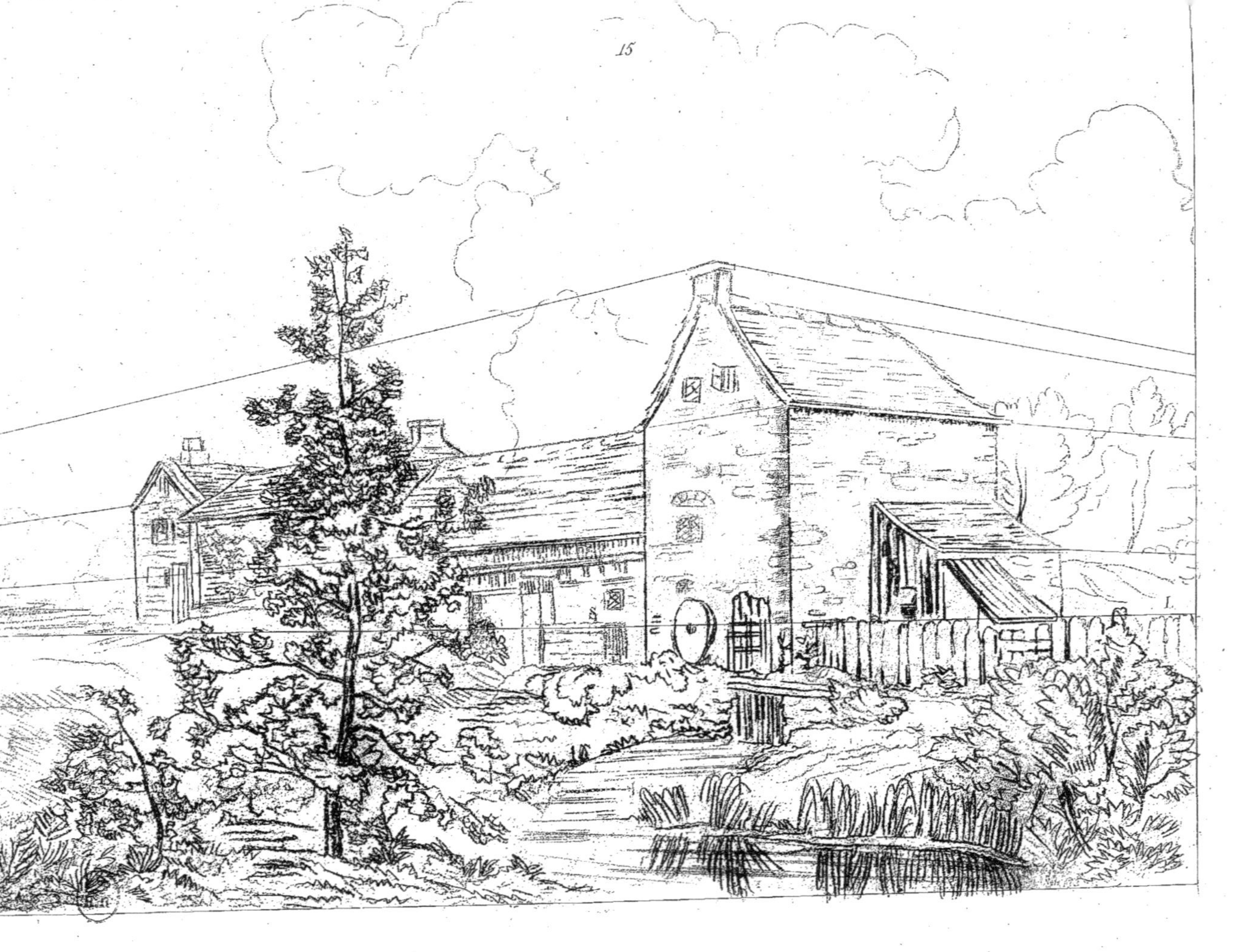

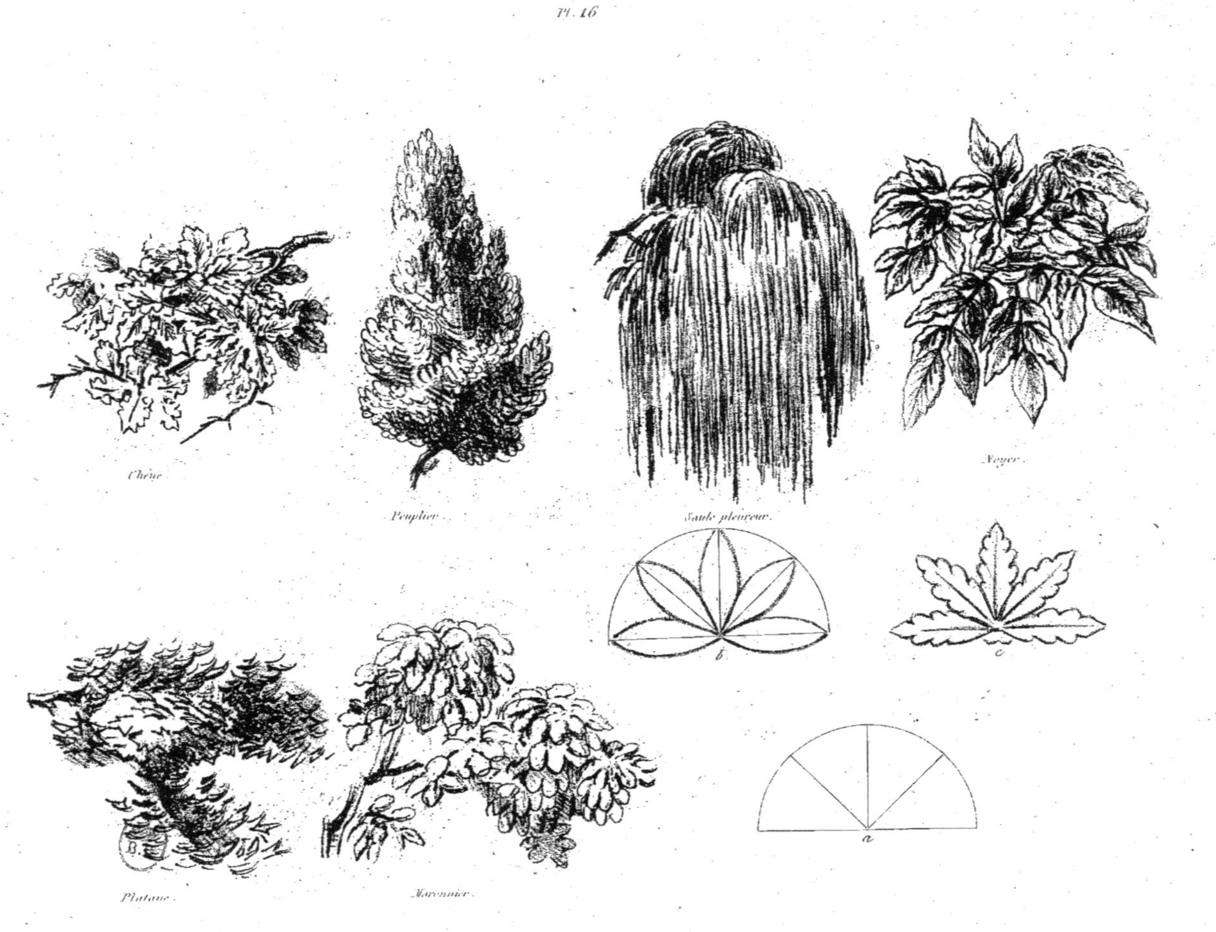

Chêne.
Peuplier.
Saule pleureur.
Noyer.
Platane.
Marronier.

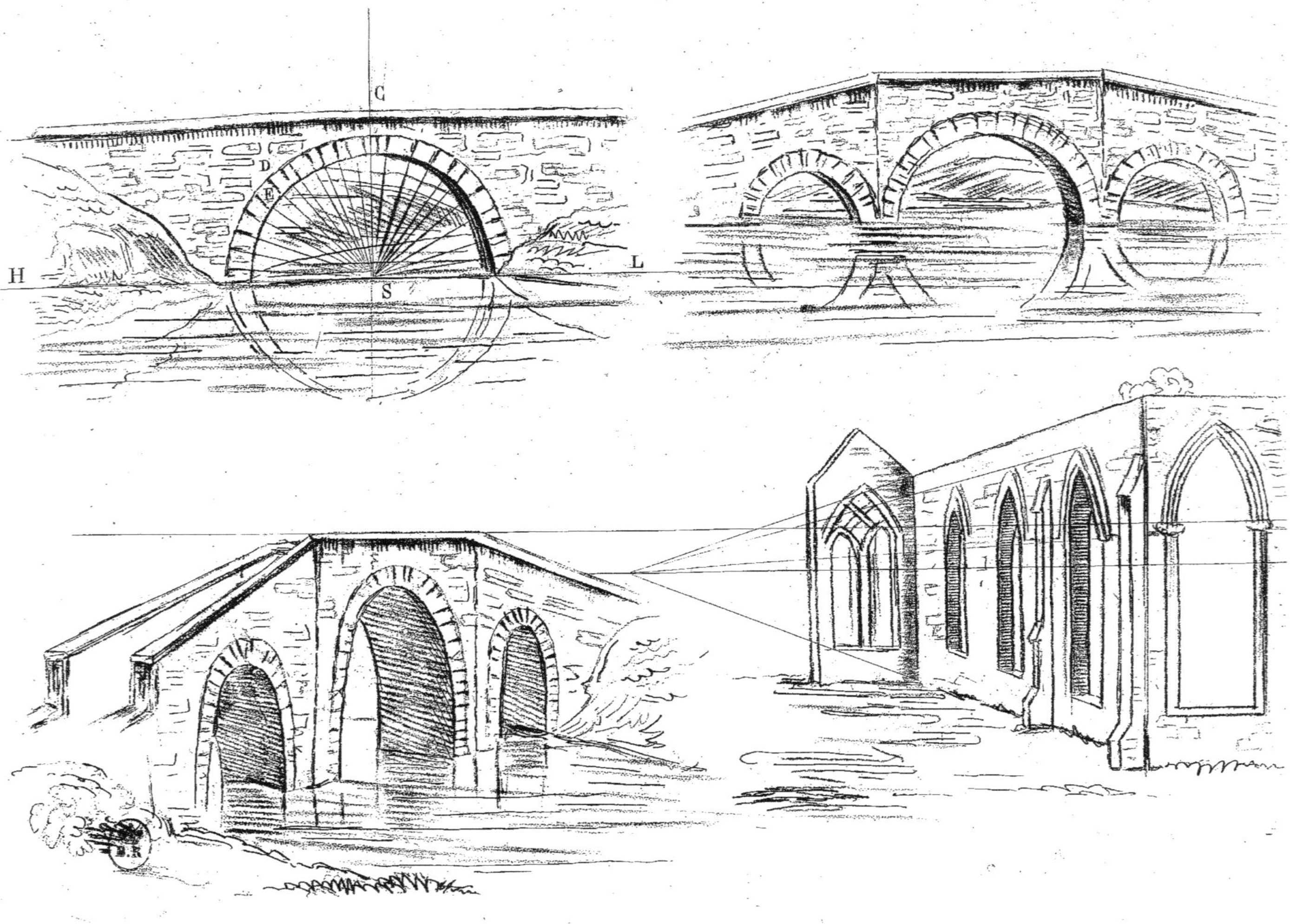

C
D
E
H
S
L

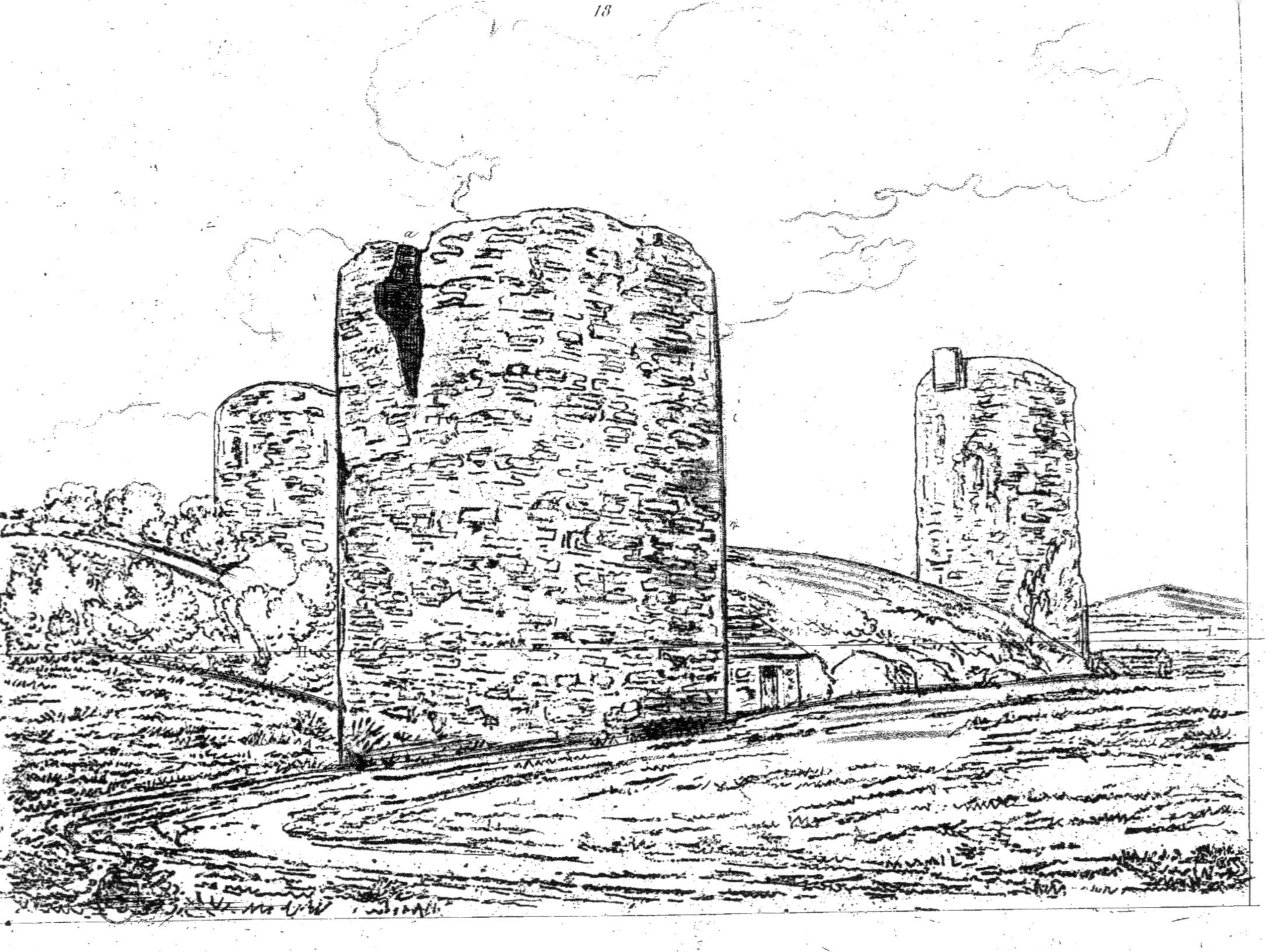

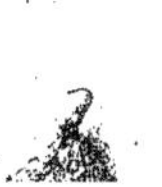

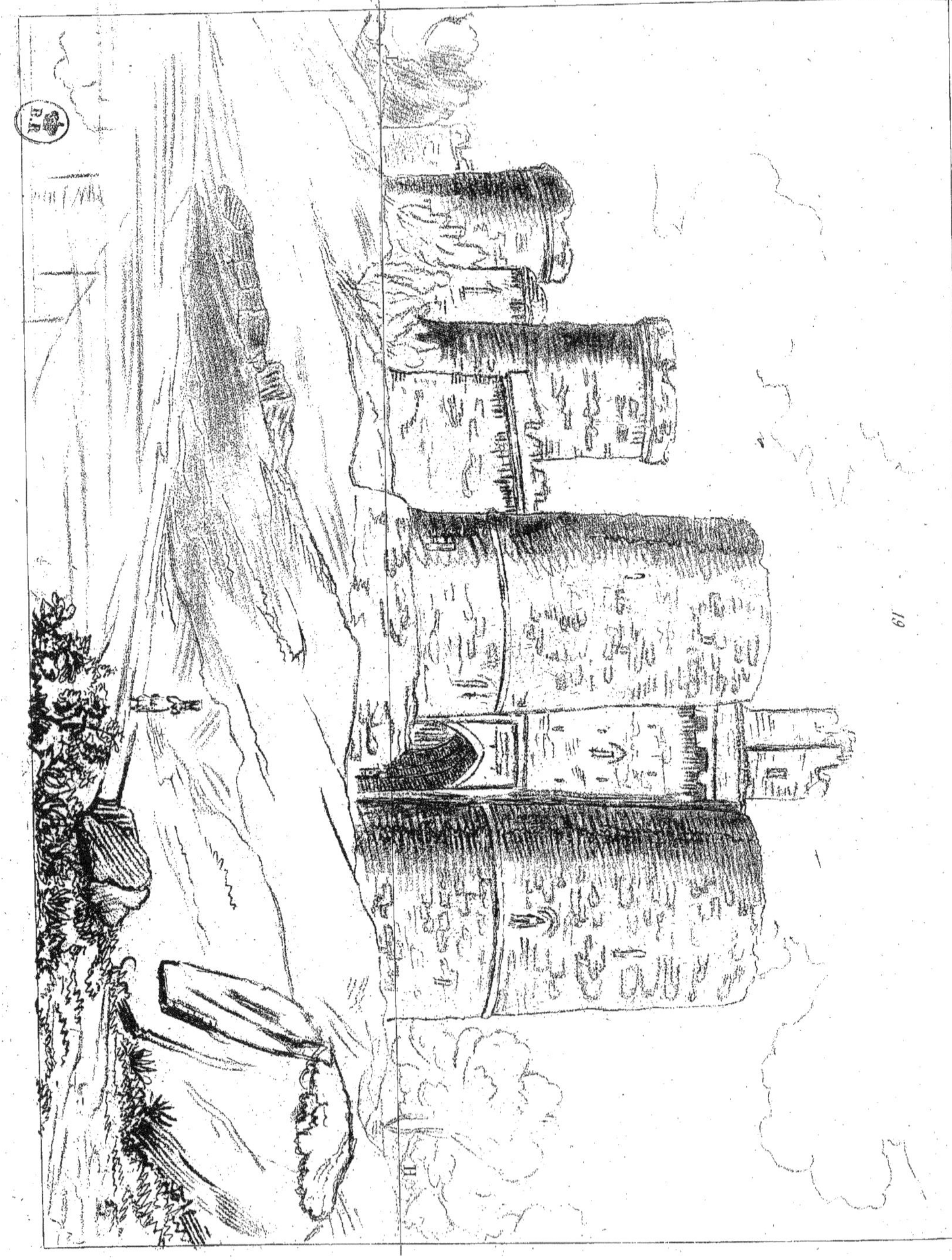

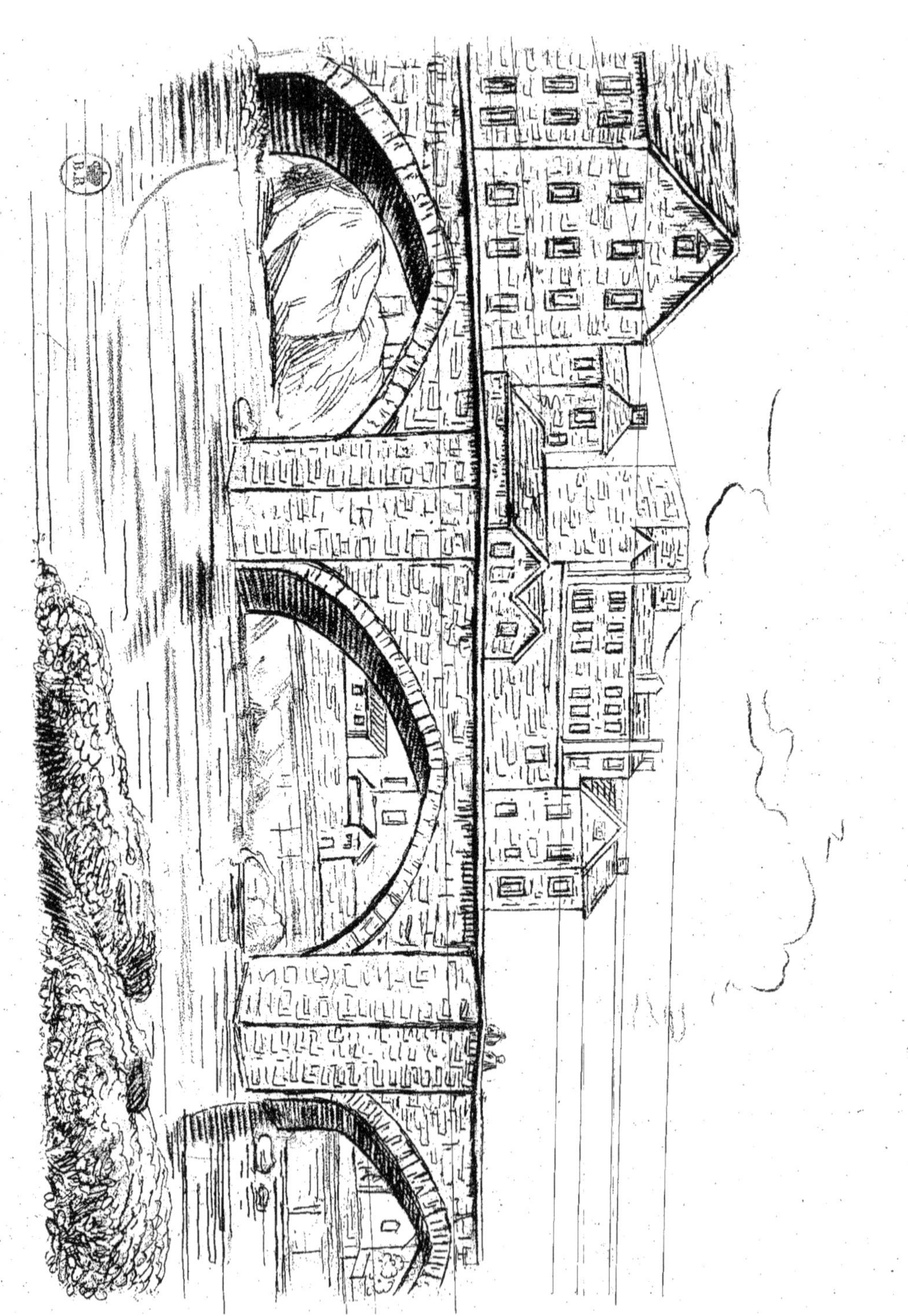